Von E. Gambsch sind u. a. erschienen:

Die 300 besten Politiker-Witze (Band 73040)
Die 300 besten Schlafzimmer-Witze (Band 73041)
Die 300 besten Professoren-Witze (Band 73042)
Die 300 besten Lehrer-Witze (Band 73044)
Die 300 besten Fußballer-Witze (Band 73045)
Die 1000 besten Witze der Welt (Band 73056)
Die 300 besten Kinder-Witze (Band 73062)
Die 300 besten Männer-Witze (Band 73063)
Die 300 besten Bett-Witze (Band 73064)

Originalausgabe März 1998
Copyright © 1998 Droemersche Verlagsanstalt Th. Knaur Nachf.,
München
Satz: IBV Satz- und Datentechnik GmbH, Berlin
Reproduktion: Repro Knopp, Inning/Ammersee
Druck und Bindung: Ebner Ulm
Printed in Germany
ISBN 3-426-73066-9

5 4 3 2 1

E. Gambsch (Hrsg.)
Die 300 besten Hochzeits-Witze

Mit Illustrationen von Dietmar Grosse

Inhalt

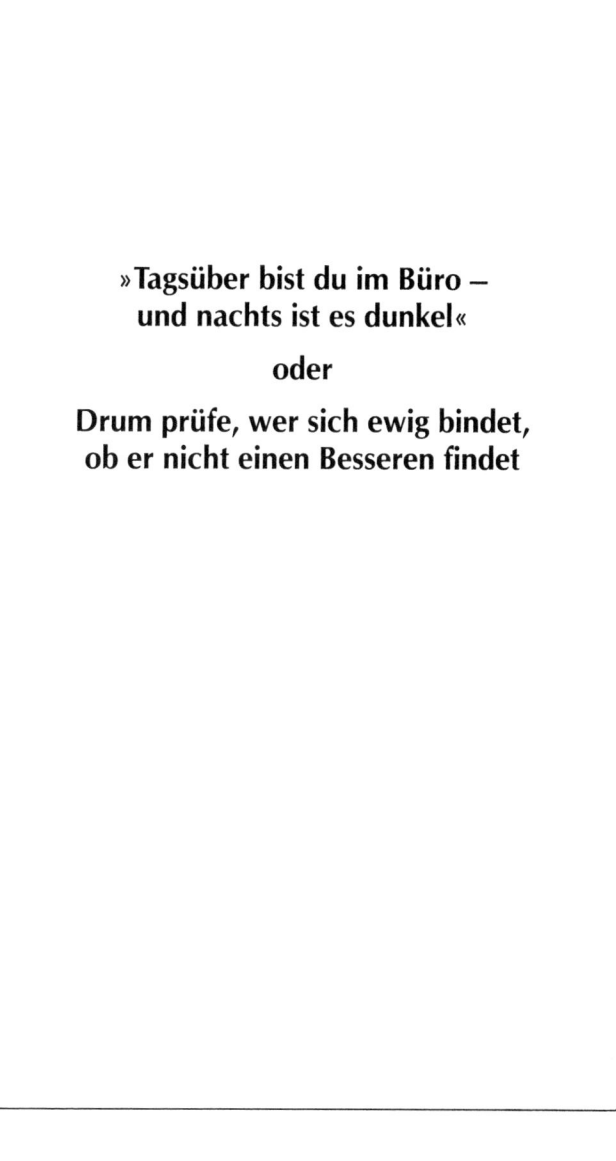

»Tagsüber bist du im Büro –
und nachts ist es dunkel«

oder

Drum prüfe, wer sich ewig bindet,
ob er nicht einen Besseren findet

»Mutti, glaubst du, daß Fritz es ernst meint und mich wirklich heiraten will?«
»Ganz bestimmt! Er hat den gleichen dämlichen Blick wie dein Vater, als er um meine Hand anhielt.«

*

Ein junger Mann bittet den Vater um die Hand seiner Tochter.
»Können Sie auch eine Familie ernähren?« will der besorgte Vater wissen.
»Natürlich!«
»Sind Sie da sicher? Wir sind acht Personen.«

*

»Liebling«, sagt die Braut, »ich will mit Freuden an deinem Ärger, deinem Kummer und deinen Sorgen teilhaben.«
»Aber Liebling«, wundert sich der junge Mann, »ich habe weder Ärger noch Kummer noch Sorgen.«
»Na, warte erst einmal ab, bis wir verheiratet sind.«

*

Der fünfjährige Heinz hat im Badezimmer gerade das Waschbecken zertrümmert, während seine Schwester eine Tasse Kakao auf dem Teppich ausgegossen hat und sich die Zwillinge im Schlafzimmer prügeln, da fragt die Frau des Schriftstellers ihren Mann: »Wie geht es mit deinem neuen Roman voran?«
»Ausgezeichnet«, sagt er, »mein Held macht seiner Angebeteten gerade einen Heiratsantrag.«
Da streicht die Frau ihrem Mann über den Kopf und bittet: »Laß sie ›Nein!‹ sagen, mein Liebling.«

Ein Mathematikstudent will heiraten. Der Hochzeitstag wird auf Dienstag festgesetzt, doch damit ist der Bräutigam nicht einverstanden.

»Liebling«, meint er, »wir müssen den Hochzeitstermin um einen Tag verschieben. Wenn wir nämlich in diesem Jahr am ersten Dienstag im August heiraten, fällt unsere Silberne Hochzeit auf einen Donnerstag, und am Donnerstag habe ich immer Kegelabend.«

*

Er bittet die um einen Kopf größere Freundin, ihn zu heiraten. Sie zögert, und er fragt traurig: »Du liebst mich also nicht?«

»Doch«, sagt sie, »aber mein Leben lang flache Absätze – das will wirklich überlegt sein.«

Es überlegte sich Friedhelm:

»Ich möchte bloß wissen, wo ich meinen Kopf hatte, als ich dir einen Heiratsantrag machte.«
»Das kann ich dir genau sagen: zwanzig Zentimeter unter meinem Nabel.«

Ulrike besucht strahlend ihre Freundin Barbara und berichtet: »Vor einigen Tagen erklärte mir Willy, er würde wahnsinnig werden, wenn ich ihn nicht heiraten würde. Aber natürlich habe ich seinen Antrag abgelehnt.«
»So tragisch scheint es Willy aber nicht genommen zu haben. Denn gestern hat er um meine Hand angehalten.«
»Das ist doch der beste Beweis, daß er tatsächlich wahnsinnig geworden ist.«

»Herr Direktor, ich liebe Ihre Tochter und möchte sie heiraten. Ich werde sogar auf die Mitgift verzichten, um zu beweisen, daß es mir nicht um das Geld geht.«
»Verschwinden Sie! Für Verrückte ist in meiner Familie kein Platz!«

*

Ein Mann sucht per Computer eine Frau: »Ich suche eine Braut, die sich bescheiden kleidet, gesellig ist und gut schwimmen kann.«
Antwortet der Computer: »Heiraten Sie einen Pinguin.«

*

»Keine hundert Pferde bringen mich dazu, Sie zu heiraten«, läßt Inge den Bewerber abblitzen.
Erkundigt sich der junge Mann zaghaft: »Wieviel PS muß denn dann der Wagen haben?«

*

Treffen sich zwei Starlets.
»Demnächst werde ich heiraten«, sagt die eine junge Dame.
»Hast du dir das auch gut überlegt?« fragt die andere.
»Eine Ehe bringt immerhin das Risiko mit sich, für mehrere Wochen gebunden zu sein.«

*

Am Morgen nach einem großen Ball setzt sich die Tochter am Frühstückstisch neben ihren Vater und sagt: »Gestern haben ein Arzt und ein Bankier um meine Hand angehalten.«
»Na ja«, meint der Vater, »dann hast du ja die Wahl: Geld oder Leben.«

Endlich überwindet sich der junge Mann und fragt: »Liebling, willst du meine Frau werden? Ich weiß, ich bin deiner nicht würdig, aber heirate mich.«
»Einverstanden«, sagt sie schnell, »du mußt mir nur versprechen, daß du immer bei deiner Meinung bleibst.«

*

»Ich möchte Ihre Tochter heiraten«, sagt der junge Mann zum Vater seiner Auserwählten.
»Haben Sie schon mit meiner Frau gesprochen?«
»Ja, aber ich möchte doch lieber Ihre Tochter heiraten.«

Es sagte der Heiratsvermittler:

»Diese Frau ist ein Juwel!«
»Verstehe«, erwiderte der Kunde, »man muß sie mit Fassung tragen.«

»Na, Kleines«, sagt Weppelmann und faßt seiner ältesten Tochter zärtlich unter das Kinn, »gerade hat Heinz-Friedrich um deine Hand angehalten.«
»Ach, Vati«, sagt die junge Dame, »ich möchte Mami aber noch nicht verlassen.«
»Das ist doch kein Problem – die nimmst du einfach mit.«

*

»Wünsch dir etwas Schönes, Liebling. Heute ist mir nichts zu teuer für dich«, sagt der junge Mann.
»Dann versprich mir, daß wir bald heiraten.«
»Ach geh, das kostet doch nichts!«

Der junge Mann wird von seinem zukünftigen Schwiegervater genau unter die Lupe genommen.

»Was ich vor allem von Ihnen wissen möchte: wie sind Ihre Zukunftsaussichten?« fragt er streng.

Der junge Mann bleibt gelassen: »Die könnten gar nicht besser sein – vorausgesetzt natürlich, daß Ihre Tochter nicht aufgeschnitten hat.«

*

»Was sagst du dazu, Susi«, sagt Inge aufgeregt, »gestern hat Peter um meine Hand angehalten.«

Die beste Freundin erstarrt, faßt sich dann jedoch schnell und erwidert: »Da gratuliere ich dir aber ganz herzlich!« Und honigsüß lächelnd fügt sie hinzu: »Und wie wunderbar er das immer macht, nicht wahr?«

*

»Manfred hat mich gebeten, ihn zu heiraten und ihn restlos glücklich zu machen«, sagt Elfriede zu ihrer Freundin.

»So ein Blödsinn!« wundert sich Helga. »Der Kerl muß ein Idiot sein. Denn entweder kannst du das eine oder das andere.«

*

Ein besorgter Vater nimmt seinen angehenden Schwiegersohn ins Gebet: »Sie wollen also meine einzige Tochter heiraten. Wir haben das Kind immer bestens gehütet. Ich muß Sie deshalb fragen: Haben Sie irgendwelche Laster wie zum Beispiel Alkohol, Rauchen, Drogen, Sex-Perversionen?«

»Das alles ist mir fremd«, beteuert der junge Mann. »Aber Ihr Fräulein Tochter hat versprochen, mir das alles schnellstens beizubringen.«

Schüchtern sagt Heinz zu seiner Freundin: »Ich war bei einer Hellseherin. Für hundert Mark hat sie mir die Zukunft vorhergesagt. Und sie meint, wir würden schon bald ein Paar werden.«

»Verschwender!« schimpft die junge Dame. »Das hätte ich dir auch ganz umsonst sagen können.«

*

Eva kommt nach Hause und sagt zu ihrer Mutter: »Du brauchst zu Heinz nicht mehr so freundlich zu sein und ihm jeden Wunsch von den Augen abzulesen.«

»Ach«, sagt die Mutter, »habt ihr Schluß gemacht?«

»Aber nein – wir werden heiraten.«

Es erklärte die Freundin:

»Peter hat zu mir gesagt, entweder ich heirate ihn oder er wird der unglücklichste Mensch der Welt.« Staunt Eleonore: »Wieso *oder*?«

»Willst du mich heiraten?« fragt der junge Mann.

»Weißt du nichts Besseres?«

»Doch, aber die will mich eben nicht heiraten.«

*

Der Verehrer kniet vor seiner Angebeteten und seufzt: »Wenn Sie mich erhören und gewillt sind, mich zu heiraten, würden Sie zwei Menschen sehr glücklich machen.«

»Ich weiß«, antwortet sie sehr kühl, »meine Mutter und meinen Vater.«

»Nun weiß ich hundertprozentig, daß ich meinen Erbschaftsprozeß gewinnen werde.«
»Wieso, die Verhandlungen können doch noch Monate dauern?«
»Das macht nichts. Gestern hat mir mein Rechtsanwalt einen Heiratsantrag gemacht.«

*

Sie schwärmt: »Mein Werner ist ein Goldstück. Erst schenkte er mir ein kostbares Armband, dann ein Auto, danach eine Perlenkette und einen Ring. Und gestern hat er um meine Hand angehalten.«
Meint die beste Freundin: »Jetzt fängt er also mit dem Sparen an.«

Es fragte der Vater:

»Sie wollen also meine Tochter heiraten. Wie steht es eigentlich mit Ihren Verhältnissen?«
»Die werde ich natürlich alle abschaffen.«

Wohlwollend betrachtet der Vater den Heiratskandidaten: »Sie wollen also meine Tochter zur Frau. Sagen Sie, junger Mann, was haben Sie in den letzten Jahren so durchschnittlich zurückgelegt?«
Der junge Mann überlegt: »Etwas über zwanzigtausend.«
»Respekt! Da haben Sie ja eine schöne Summe auf der hohen Kante.«
»Wieso Summe?« wundert sich der junge Mann. »Ich meinte meine zurückgelegten Autokilometer.«

Sie wollen also meine Tochter heiraten.
Wie steht es denn mit ihren Verhältnissen?
Die schafft' ich natürlich alle ab.

»Ich kann es gar nicht fassen«, wundert sich die junge Frau. »Wir kennen uns kaum, und schon machen Sie mir einen Heiratsantrag.«
»Ich kenne Sie aber schon lange«, erklärt ihr der junge Mann. »Ich führe nämlich bei der Bank Ihr Konto.«

*

Sagt Frau Hochhäusler zu dem jungen Mann: »Sie haben sich erlaubt, meiner Tochter einen Heiratsantrag zu machen. Warum haben Sie da nicht zuerst mich gefragt?«
»Ich wußte nicht, daß Sie mich auch lieben.«

Es flehte der junge Mann:

»Bitte, nehmen Sie meinen Heiratsantrag an. Ich kann ohne Sie nicht mehr leben.«
»Das müssen Sie mir erst einmal beweisen.«

»Fräulein Elvira«, sagt der eingebildete Sigismund, »würden Sie einen strohdummen Mann nur deshalb heiraten, weil er Geld hat?«
»Kommt darauf an«, meint sie lächelnd. »Wieviel haben Sie denn?«

*

»Nun, hast du Johanna einen Heiratsantrag gemacht?«
»Ja.«
»Und ist sie einverstanden?«
»Nicht direkt. Ich muß noch etwas warten. Sie hat gesagt, ich sei der letzte, den sie heiraten würde.«

Fragt die sanfte Luise: »Willst du mich heiraten, Karl?«
»Schon, aber ich bin doch wirklich nicht attraktiv!«
»Das macht doch nichts. Tagsüber bist du im Büro, und nachts ist es dunkel.«

*

»Sie wollen also meine Tochter heiraten? Können Sie denn überhaupt eine Familie unterhalten?«
»Aber natürlich. Ich besitze über hundert Videokassetten.«

*

Bei dem Direktor einer großen Bank hat sich ein junger Mann angemeldet, der ihm ein Geschäft vorschlagen will, bei dem der Banker eine halbe Million verdienen könnte.
»Nun, rücken Sie mit Ihrem Vorschlag heraus«, sagt der Direktor. »Es muß sich ja um eine interessante Sache handeln. Wie stellen Sie sich das Geschäft denn vor?«
»Ganz einfach! Wie ich weiß, wollen Sie Ihrer Tochter eine Mitgift von einer Million geben. Und ich nehme die Kleine schon für die Hälfte.«

*

Er liebt sie wahnsinnig und fragt: »Geben Sie mir gar keine Hoffnung?«
»Gar keine. Ich nehme nämlich Ihren Antrag an.«

*

Der junge Mann sagt zu dem erfolgreichen Geschäftsmann: »Ich will Ihre Tochter heiraten.«
»Haben Sie Geld?«
»Wozu Geld? Ich will Ihre Tochter heiraten und nicht kaufen.«

»Das ist nun schon die dritte Frau, die einen Heiratsantrag von dir abgelehnt hat«, stellt der Vater fest und fügt hinzu: »Ich rate dir trotzdem zur Vorsicht. Denn nicht immer wirst du soviel Glück haben.«

Es sagte die flotte Lilly:

»Also gut, ich heirate dich. Aber nur dieses eine Mal.«

»Stell dir vor, Christine, vor einer Woche habe ich Fritz einen Korb gegeben, als er um meine Hand anhielt. Und seitdem betrinkt er sich jeden Abend bis zur Bewußtlosigkeit.«
»Das ist tatsächlich unverschämt von ihm, so lange zu feiern.«

*

»Mein Engel«, sagt der verliebte junge Mann, »wenn du mich heiratest, werde ich dir die kleinsten Wünsche von den Augen ablesen.«
»Die kleinsten Wünsche? Lies mir lieber die großen von den Augen ab.«

*

Sagt Sascha zum Vater seiner Freundin: »Ich bitte um die Scheide Ihrer Tochter.«
»Aber man bittet doch um die Hand.«
»Die brauch' ich nicht. Mit der kann ich es selber.«

»Sie wollen also unbedingt meine Tochter heiraten?«

»Um jeden Preis!« erwidert der junge Mann.

»Gut. Dann bitte ich Sie um Ihr erstes Angebot.«

*

»Natürlich kannst du meinen Vater um meine Hand bitten«, sagt Marianne zu Rolf. »Aber vielleicht solltest du der Form halber auch noch meinen Mann fragen.«

*

Ein älteres Ehepaar steht nachts auf dem Balkon eines Hotels und beobachtet ein junges Liebespaar, das im Garten auf einer Bank sitzt.

Sagt die Frau zu ihrem Mann: »Ich glaube, er will ihr jetzt einen Heiratsantrag machen. Pfeife doch einmal, damit er gewarnt ist.«

»Ich denke nicht daran. Bei mir hat auch niemand gepfiffen.«

»Ich wußte ja nicht einmal,
daß sie schwanger ist«

oder

Verliebt, verlobt und längst
noch nicht verheiratet

Sie strahlt und sagt: »Letzte Woche habe ich mich mit Doktor Seidel verlobt.«
»Mit dem?« wundert sich die Freundin. »Aber der hat doch gar keine Praxis.«
»Hast du eine Ahnung!«

*

Sie sieht ihn mit einem treuherzigen Augenaufschlag an und sagt: »Liebster, ich will dir vor unserer morgigen Hochzeit noch mein ganzes Vorleben beichten.«
»Aber das hast du doch schon vor einiger Zeit getan.«
»Aber inzwischen ist doch schon wieder ein Monat vergangen.«

*

Am Polterabend sagt die Mutter zu ihrer Tochter: »Jetzt muß ich dich aber endlich aufklären, denn in einem Jahr möchtest du doch sicher Mutter eines Kindes sein.«
»Zu spät. Du wirst nämlich spätestens in vier Monaten bereits Großmutter werden.«

*

Fragt ein Kollege den Bräutigam: »Haben Sie eigentlich Aktaufnahmen von Ihrer Frau?«
»Selbstverständlich nicht!«
»Wollen Sie welche?«

*

»Ich werde heiraten«, informiert das Dienstmädchen die Hausherrin.
»Wen denn?«
»Den Briefträger.«
»Haben Sie auch probiert, ob Sie sich wirklich lieben?«
»Seit längerer Zeit. Zweimal in der Woche in der Küche.«

Das Brautpaar läßt sich vor der Hochzeit untersuchen, und einige Tage später holt sie die Ergebnisse ab.
»Ich habe eine schlechte und eine gute Nachricht«, sagt der Arzt.
»Zuerst die schlechte: Ihr Bräutigam hat eine Geschlechtskrankheit.«
»Und die gute?«
»Von Ihnen hat er sie nicht.«

Es überlegte sich der junge Mann:

»Was wird deine Mutter wohl zu unserer Verlobung sagen?«
»Da mach dir mal keine Sorgen. Die freut sich jedesmal.«

»Wann heiratest du denn?« fragt der Freund.
»Am einundzwanzigsten Juni.«
»Ist das nicht der Tag mit der kürzesten Nacht?«
»Genau der.«
»Feigling!« sagt der Freund.

*

»Das finde ich ja toll, daß ihr mir so einen richtigen Junggesellenabschied geben wollt«, sagt Peter zu seinen Freunden. »Was habt ihr denn so alles vorgesehen?«
»Jede Menge Bier, Wein, Schnaps, gutes Essen, flotte Miezen und einen ganz scharfen Pornofilm.«
»Einen Pornofilm? Das ist doch langweilig!«
»Abwarten! Deine zukünftige Frau spielt darin die Hauptrolle.«

Die Verlobten unterhalten sich über ihre Zukunftsaussichten, und der Bräutigam sagt: »Ich verdiene jetzt etwas mehr als viertausend Mark netto im Monat. Glaubst du, daß du damit auskommen wirst?«

»Ich zur Not schon. Aber wovon willst du denn leben?«

*

»Liebling«, sagt die Braut, »mein Vater ist froh, daß du ein Dichter bist.«

»Freut mich«, sagt der junge Mann stolzgeschwellt. »Kennt er denn meine Gedichte?«

»Nein. Aber mein voriger Verlobter war Boxer.«

*

»Ich möchte meinem zukünftigen Mann bei der Hochzeit eine gelungene Überraschung bereiten«, erklärt Rita ihrer Freundin. »Was könntest du mir vorschlagen?«

»Verrat ihm doch einfach dein wahres Alter.«

Es fragte die Kollegin:

»Heiratest du Klaus nur wegen seines Geldes?«
»Auf keinen Fall. Ich weiß ja nicht einmal, wie viele Millionen er hat.«

»Denke daran, mein Sohn, heute ist der glücklichste Tag deines Lebens.«

»Aber ich heirate doch erst morgen.«

»Eben drum.«

»Seit fünf Jahren ist Ihr Sohn schon verlobt. Reden Sie ihm doch gut zu, daß er heiraten soll.«
»Warum? Meinetwegen sollen die beiden noch lange Zeit glücklich sein.«

*

Der Intercity rast durch die Nacht. Plötzlich ein Knirschen, Scheppern, Krachen, entsetzte Schreie der Passagiere – und der Zug steht.
Der Zugbegleiter kommt und erklärt: »Jemand hat die Notbremse gezogen, und ein Wagen ist entgleist. Es kann mehrere Stunden dauern, bis wir weiterfahren können.«
»Um Himmels willen«, sagt ein junger Mann, »ich muß in drei Stunden auf dem Standesamt sein, um zu heiraten.«
Der Zugbegleiter schaut ihn mißtrauisch an und fragt: »Sagen Sie mal, haben Sie etwa die Notbremse gezogen.«

*

Der alte Multimillionär verspricht der jungen Frau den Himmel auf Erden, wenn sie ihn heiratet: »Ich beschenke dich, wie noch nie eine Frau auf Erden beschenkt worden ist. Du bekommst eine Goldmine in Afrika, eine Kaufhauskette in Indien, ein eigenes Flugzeug und eine Insel in der Südsee. Natürlich Pelzmäntel...«
»Aber Liebling«, unterbricht ihn die Schöne, »du sollst dich wegen mir nicht ruinieren. Pelzmäntel habe ich doch schon drei.«

*

Kurz vor der Hochzeit gibt der Vater seinem Sohn noch gute Ratschläge: »Und achte darauf, daß du einmal jede Woche mit deinen Freunden Skat spielen gehst.«
»Wird gemacht. Sonst noch ein Tip?«
»Ja, sei nicht so blöd, auch wirklich dort hinzugehen.«

»Am kommenden Dienstag heirate ich wieder«, sagt das Starlet, das schon viermal geschieden ist, zu einer Freundin.

»Glückwunsch! Ist es diesmal jemand, den du kennst?«

Er fragte seine Braut:

»Haben deine Freundinnen meinen Verlobungsring auch gebührend bewundert?«
»Mehr als das. Zwei haben ihn sogar wiedererkannt.«

Die Braut ist noch sehr jung und sehr unerfahren. Deshalb will sie während eines Spaziergangs wissen: »Was ist das denn für eine geheimnisvolle Sache, die du mit mir machen willst, wenn wir erst verheiratet sind?«
Der Bräutigam sagt nichts und deutet verlegen auf zwei Hunde, die sich am Straßenrand vergnügen.
Sie betrachtet sich kurz das Schauspiel, wird feuerrot und flüstert: »Du mußt mir aber wenigstens versprechen, daß wir es nie in einer Straße machen, in der man mich kennt.«

*

Sie ist ein tugendhaftes Mädchen, schon drei Jahre mit Heinrich verlobt, und in zwei Wochen soll die Hochzeit stattfinden. Da wird sie mutig und sagt: »Wir heiraten ja demnächst. Deshalb darfst du mir endlich einen Kuß geben.«
Unwirsch antwortet der Bräutigam: »Kommt überhaupt nicht in Frage. Nachher kommst du dann immer wieder mit solchen Dummheiten.«

Am Tag vor der Hochzeit geht der Bräutigam zur Beichte, und der Priester erteilt ihm die Absolution.
Verdutzt fragt der junge Mann: »Bekomme ich denn gar keine Buße auferlegt?«
Meint der Priester: »Sie sagten doch, daß Sie morgen heiraten werden.«

*

»Ich möchte gern ein Gemälde für ein Hochzeitspaar haben.«
»Da habe ich ein wunderschönes Werk, das genau paßt«, sagt der Kunsthändler. »Es heißt ›Gewitter im Anzug‹.«

*

»Hast du schon gehört?« fragt Gerda ihre Freundin. »Karin will heiraten.«
»Davon hatte ich keine Ahnung. Ich wußte nicht einmal, daß sie schwanger ist.«

*

Versichert der Verkäufer der Braut im Möbelgeschäft:
»Wir stehen hinter jedem Bett, das wir verkaufen.«
Meint sie erbleichend: »Dann kaufe ich woanders. Ich mochte es noch nie, wenn man mir beim Bumsen zuschaut.«

*

Die langjährige Hilfe des Hauses kündigt, um zu heiraten.
»Glauben Sie denn, daß Sie es in der Ehe besser haben werden?« will die Gnädige wissen.
Versonnen antwortet die Perle: »Besser vielleicht nicht, aber öfter.«

»Natürlich soll der Kerl meine Tochter heiraten«, erregt sich Petermann, als er die Rechnung über das teure Brautkleid erhält, »aber muß ich wirklich noch die Verpackung bezahlen?«

Es fragte die Freundin:

»Du hast dich also nach dem großen Krach wieder mit Fred versöhnt?«
»Ja, aber nur vorübergehend. Nächste Woche heiraten wir ja.«

Das frischgebackene Brautpaar unternimmt in Begleitung der Eltern einen Spaziergang im Wald. Frau Mama merkt, daß das junge Paar mehr und mehr zurückbleibt – und schließlich ganz verschwindet.
»Na«, wundert sie sich, »wo sind denn die Kinder? Was werden die wohl jetzt machen?«
Lächelt der Papa und sagt: »Nachkommen!«

*

Die Kolleginnen zerreißen sich den Mund über die Verlobung einer bekannten Schauspielerin.
»Sie soll ihrem zukünftigen Mann ihr ganzes Vorleben gebeichtet haben«, weiß eine.
»Das nenne ich wirklich Ehrgefühl«, sagt eine andere.
»Und Mut!« sagt die dritte.
»Stimmt«, sagt die erste wieder. »Und vor allem wundere ich mich über das ausgezeichnete Gedächtnis, das sie haben muß.«

Karin verkündet, daß sie sich verloben will.

»Habt ihr auch geprüft, ob ihr zusammenpaßt?« fragt der Vater.

»Natürlich, Papa, schon öfters.«

Es erkundigte sich der Freund:

»Sag mal, ich habe meine Hochzeit jetzt dreimal verschieben müssen – ob das Unglück bringt?«

»Bestimmt nicht, wenn du so weitermachst!«

Seine Freunde staunen. Benno, der noch nie etwas von Mädchen wissen wollte, hat sich verlobt und will sogar heiraten.

»Ist deine Braut vielleicht schwanger?« wollen sie wissen.

»Das will ich doch hoffen. Noch einmal möchte ich das nämlich nicht mitmachen müssen.«

*

Er sagt zu ihr: »Wenn wir erst einmal verheiratet sind, wirst du dich wundern. Ich werfe nämlich die Strümpfe und die Unterwäsche einfach unter das Bett.«

Wundert sie sich tatsächlich: »Wohin denn sonst?«

*

»Intimitäten kann ich dir während unserer Verlobungszeit nicht gestatten«, sagt sie.

»Bist du so streng erzogen worden?«

»Das nicht. Aber ich habe es bisher immer so gehalten.«

»Papi, was ist das: Verlobung?«

»Das ist ungefähr so, wie wenn ich dir zu Weihnachten ein Fahrrad schenken würde, du aber erst an Ostern damit fahren dürftest.«

»Aber klingeln darf man unterdessen schon einmal – oder?«

Es fragte die Braut:

»Bist du abergläubisch, Liebling?«
»Nein. Warum?«
»Nun, du bist mein dreizehnter Bräutigam.«

Am Tag vor der Hochzeit sagt Inge zu ihrer Mutter: »Mutti, ich muß dich mal was fragen.«

»Damit habe ich gerechnet. Du wirst nun morgen feststellen, daß es zwischen dem Körper einer Frau und dem eines Mannes einen gewaltigen Unterschied gibt...«

»Das weiß ich doch, und bumsen kann ich wie eine Weltmeisterin. Ich will von dir nur wissen, wie man Gulasch kocht.«

*

Ein Brautpaar verirrt sich beim Waldspaziergang. Als es schon dunkel ist, entdeckt er einen Gasthof und sagt: »Wie wäre es, wenn wir uns hier gemeinsam ein Zimmer nehmen würden. Dann könnten wir auch endlich einmal...«

»Nichts da!« unterbricht sie ihn. »So eine bin ich nicht. Und außerdem bekomme ich davon nachher immer so Kopfweh.«

»Ich habe mich mit dem reichen Herrn Stetten verlobt und werde ihn auch heiraten«, verkündet Agnes.

»Was«, sagt die Freundin entsetzt, »mit dem alten Knakker willst du den Rest deines Lebens verbringen?«

»Ach wo«, sagt Agnes. »Den Rest seines Lebens.«

*

Die Braut bekommt während der Verlobungszeit einen moralischen Kater und sagt zu ihrer Freundin: »Ach, ich glaube nicht, daß Thomas an meiner Seite glücklich wird.«

»Unsinn«, widerspricht die Freundin, »du weißt doch ganz genau, wie anspruchslos der ist.«

*

In einer hochangesehenen Familie ist ein junges Brautpaar zu Besuch, und man nimmt den Tee im Park ein. Die Vögel zwitschern und sind ein Gesprächsthema.

Plötzlich sagt die Braut: »Ich verstehe Ihre Begeisterung nicht. Ich mache mir aus Vögeln gar nichts.«

Sagt der nette Gastgeber: »Das wird sich schon noch ändern, mein Kind.«

**»Moment, Moment, Herr Pfarrer,
wie lange haben Sie gesagt?«**

oder

Fröhlich gefreit hat schon oft gereut

Das junge Paar wartet schon längere Zeit im Vorzimmer des Standesamtes. Da erhebt sich die Braut und geht in das Zimmer des Standesbeamten.

»Müssen wir noch lange warten?« fragt sie. »Er wird nämlich immer nachdenklicher.«

*

»Als meine Tochter und ihr Bräutigam durch das Mittelschiff der Kirche zum Altar schritten, gingen plötzlich alle Lichter aus, und es war stockfinster«, berichtet Frau Mehltretter ganz aufgeregt ihrer Nachbarin.

»Aber das kann doch nicht so schlimm gewesen sein«, meint diese. »Schließlich ist Ihre Tochter diesen Weg schon mehrmals gegangen.«

*

Der Standesbeamte blättert in den Akten und sagt: »Ihre Papiere sind nicht vollständig. Ich kann Sie heute nicht trauen.«

»Auch gut«, gibt sich Lechermann zufrieden, »dann fangen wir halt so an.«

*

Der Standesbeamte fragt Petermann: »Haben Sie für diesen entscheidenden Schritt auch alle notwendigen Vorbereitungen getroffen?«

»Na klar! Zu Hause warten sechs Kästen Bier und zwei Kisten Sekt.«

*

»Sag mal, Mutti«, fragt die Tochter, »hat man mir auf dem Standesamt meine schreckliche Nervosität angemerkt?«

»Nur am Anfang, mein Liebes. Als dein Christoph sein Jawort gegeben hatte, wurdest du sichtlich ruhiger.«

Bei der Trauung fragt eine Freundin die andere: »Findest du nicht, daß die Braut sehr müde aussieht?«
»Kein Wunder«, stimmt die andere zu, »schließlich ist sie ja auch über drei Jahre lang hinter ihm hergerannt.«

*

Bei einer Hochzeit ist die Kirche in der Kleinstadt sehr gut besucht. In der dritten Reihe steht ein graumelierter Herr neben einer jungen Frau und sagt: »Ein wirklich hübsches Paar!«
»Ja«, sagt sie. »Und außerdem haben sich die beiden erst vor ein paar Tagen zum ersten Mal gesehen.«
Da lächelt der Mann und meint: »Das ist auch eine Art, sich kennenzulernen.«

Es sagte die Braut nach seinem Jawort:

»So eine Erlösung – endlich hat die Kalorienzählerei ein Ende!«

Der junge Mann geht zum Standesamt, um ein Aufgebot zu bestellen.
»Und wo ist die Braut?« fragt der Beamte.
Staunt der junge Mann: »Bekommt man die nicht hier?«

*

Das junge Paar bestellt das Aufgebot, und der Standesbeamte fragt: »Sind Sie verwandt oder verschwägert?«
»Ein bißchen«, sagt die Braut, »wir haben zusammen schon drei Kinder.«

Wochenlang liegt Tobias im Krankenhaus. Er verliebt sich in eine Krankenschwester, und am Tag seiner Entlassung heiraten sie. Vor der Trauung sagt er voller Stolz zum Standesbeamten: »Ich sehe meine Braut heute erstmals im Kleid.«

Die Braut errötet. Sie versucht, die Situation zu retten und erklärt: »Ich habe ihn bisher auch nur im Schlafanzug gesehen.«

Es fragte der Standesbeamte:

»Haben Sie sich auf die Ehe auch richtig vorbereitet?«
»Aber ja doch! Seit Monaten haben wir jede Nacht trainiert.«

Susanne hat einen netten, äußerst anständigen Herrn kennengelernt. Er rührt sie nicht an. Das will er sich für die Hochzeitsnacht aufheben.

Da er vor der Heirat auch noch eine mehrmonatige Geschäftsreise unternehmen muß, tröstet er sie: »Die Zeit wird wie im Flug vergehen. Da alles schon vorbereitet ist, werden wir sofort am Tag meiner Rückkehr heiraten. Und dann werden wir eine große Familie haben.«

Pünktlich kommt er zurück und trifft Susanne wieder vor dem Traualtar, wobei er feststellt, daß sie ganz erheblich zugenommen hat.

»Wie ist das möglich?« fragt er sie. »Du wirst doch nicht in anderen Umständen sein?«

»Natürlich bin ich das, du Dummerchen«, bestätigt sie ihm. »Du willst doch eine große Familie haben, und da habe ich eben schon einmal angefangen.«

»Was war das denn für ein komischer Typ, der vor mir auf die Knie fiel und mir die Hände küßte?« fragt er sie, als sie das Standesamt verlassen.

»Ach, das war nur mein erster Mann. Der muß jetzt keinen Unterhalt mehr bezahlen.«

*

Der Pfarrer sieht das Brautpaar während der Trauung an und sagt: »Daß Sie, liebe Braut, stark im Glauben sind, das hoffen wir, daß Sie stark in der Liebe sind, das wünschen wir, und daß Sie stark in der Hoffnung sind, das sehen wir.«

Sie flüsterte ihm nach seinem Jawort ins Ohr:

»Die Hochzeitsnacht wirst du bestimmt nie vergessen. Ich habe jahrelang für sie geübt.«

»Können Sie uns schnell trauen?« fragt ein Mann schweißgebadet den Standesbeamten.

»Warum so eilig? Erwartet Ihre Braut etwa ein Baby?«

»Nein, nein. Aber trotzdem bitte ganz schnell. Wir stehen im absoluten Halteverbot.«

*

»Sind Sie froh, daß Ihre Tochter endlich geheiratet hat?«

»Ja, aber ich weiß nicht recht, ob er der richtige Mann für sie ist. Sie ist so zartfühlend, er ist so laut und draufgängerisch. Bei der Trauung hat er sogar das Ja so laut herausgebrüllt, daß meine Tochter fast eine Fehlgeburt gehabt hätte.«

»Alle Ehen werden im Himmel geschlossen«, sagt der Pfarrer bei der Trauung.

Ein Hochzeitsgast murmelt etwas vor sich hin.

»Was haben Sie gesagt?« fragt der Pfarrer.

»Ich habe gesagt: ›Deshalb fallen später so viele Ehemänner aus den Wolken.‹«

Sie sagte nach der Trauung zu ihrem Mann:

»Ich muß sofort ausprobieren, wie sich mein neuer Name schreibt. Hast du mal einen Blankoscheck da?«

Die kleine Alexandra ist zum erstenmal bei einer Hochzeit dabei. Als sie die Braut sieht, fragt sie ihre Mutter: »Warum ist das Kleid der Braut weiß?«

»Weiß ist die Farbe des Glücks«, erklärt ihr die Mama. »Und heute ist für die Braut der glücklichste Tag ihres Lebens.«

Alexandra überlegt einen Augenblick. Dann will sie wissen: »Und warum trägt der Bräutigam dann Schwarz?«

*

Sie sind nicht mehr ganz jung, und als sie das Standesamt verlassen, bleibt er einen Augenblick stehen, sieht sie prüfend an und schüttelt den Kopf.

»Was hast du denn?« fragt sie unwillig. »Ist irgend etwas?«

»Laß nur«, murmelt er und geht weiter. »Jetzt ist es sowieso zu spät.«

Ich muß sofort ausprobieren, wie sich mein neuer Name schreibt. Hast du mal einen Blankoscheck da?
Sr.

»Sind Sie bereit, die hier anwesende Mechthild Niefen-ecker zur Frau zu nehmen?«
Heiko antwortet laut und deutlich: »Nein!«
»Was sagen Sie da?« fragt der Standesbeamte entsetzt. »Hätten Sie sich das nicht früher überlegen können?«
»Habe ich ja auch, Herr Standesbeamter. Aber Sie sind der erste, der mich fragt, was ich wirklich will.«

*

Der Pastor beendet die Trauung mit den Worten: »Seid fruchtbar und mehret euch!«
Murmelt die Braut: »Aber vorher dürfen wir hoffentlich noch zu Mittag essen.«

*

Wie bei jeder Hochzeit sagt der Herr Pfarrer bei Steinbergers Trauung: »...bis daß der Tod euch scheidet!«
Da wird er leichenblaß und unterbricht die Trauungszeremonie: »Moment, Moment, Herr Pfarrer, wie lange haben Sie gesagt?«

*

Eine Boxerbraut heiratet. Viele Mannschaftskameraden kommen in die Kirche, und der Herr Pfarrer fragt einen Sportsfreund: »Sind Sie der Bräutigam?«
»Nein. Ich hätte es zwar werden können, aber nach einer Proberunde habe ich aufgegeben.«

*

»Sag mal, Hilde, wieviel Trinkgeld gibt man eigentlich dem Standesbeamten?«
»Das ist unterschiedlich. Ich gebe gewöhnlich fünfzig Mark.«

»Was meinen Sie«, fragt der Pfarrer die Braut, »soll ich bei der Trauung über den Spruch predigen: ›Wo du hingehst, da will auch ich hingehen?‹«
Sie schüttelt den Kopf und meint: »Lieber nicht. Mein Bräutigam ist Briefträger.«

Es fragte der Witzbold:

»Warum ist die Kirchentür bei der Trauung geschlossen?«
»Damit der Bräutigam nicht abhauen kann.«

Nach der Trauung sagt die Braut: »Ich weiß nicht, ob du es gemerkt hast, aber ich bin farbenblind.«
»Ich habe es mir schon gedacht«, antwortet er lächelnd. »Ich bin ein Neger.«

*

»Willst du mein Trauzeuge sein?« erkundigt sich Stecher bei seinem Freund.
»Klarer Fall. Habe ich dich jemals in der Not im Stich gelassen?«

*

Das Brautpaar schreitet aus der Kirche. Fred und Hans, zwei siebenjährige Freunde, schauen interessiert zu.
»Soll ich die beiden mal erschrecken?« überlegt sich Hans.
»Und wie!« begeistert sich Fred.
Da rennt Hans zu dem Bräutigam hin, klammert sich an dessen Knie und schreit markerschütternd: »Papa, Papa!«

Stolz verkündet Sabine ihrer Freundin: »Übermorgen werde ich zum drittenmal zum Standesamt geführt.« Spottet die Freundin: »Allmählich könntest du den Weg doch auch allein finden.«

*

Christa und Konstantin, die fünfjährigen Zwillinge, tragen bei der Hochzeit die Brautschleppe.
»Macht dir das Spaß?« fragt Christa Konstantin.
»Blödsinn!« knurrt der Junge ärgerlich. »Die ganze Verwandtschaft braucht nichts zu machen, als sich nachher die Bäuche vollzuschlagen – und nur wir beide müssen hier schuften.«

*

»Papa, weshalb gibt sich das Brautpaar auf dem Standesamt eigentlich die Hände?«
»Das ist reine Formsache. Boxer machen das auch immer vor dem Kampf.«

*

Wiltrud ist endlich in den Stand der Ehe getreten, und sie gesteht nach der Trauung ihrem Mann: »Liebling, ich muß dir etwas beichten, nämlich, daß ich Nymphomanin bin. Hoffentlich verzeihst du mir.«
»Ich verzeihe dir alles, mein Liebling. Von mir aus kannst du auch eine Mörderin sein. Hauptsache, du bist mir treu.«

*

Die Trauung ist vollzogen, und der Bräutigam und die Braut geben sich einen innigen Hochzeitskuß.
Der kleine Albert schaut interessiert zu und fragt dann ganz aufgeregt: »Mutti, ist das jetzt die Bestäubung?«

Nachdem er seine unerträgliche Tochter endlich unter die Haube gebracht hat, sagt der Brautvater zu seinem Schwiegersohn: »Nun bist du also der glücklichste Mensch der Welt – nach mir natürlich.«

*

»Heiraten bringt Musik in das Leben eines Mannes«, sagt der Standesbeamte.
»Ja«, murmelt der Vater des Bräutigams. »Man lernt so schnell, die zweite Geige zu spielen.«

*

»Jetzt kann ich es dir ja sagen«, gesteht die Braut, als sie neben ihrem Mann die Kirche verläßt: »Die beiden Kinder, die meine Schleppe tragen, sind meine.«

Es sagte der Standesbeamte:

»Junger Mann, bei uns antwortet man mit einem klaren ›Ja‹ und nicht mit einem mürrischen ›Meinetwegen‹!«

In der Kirche hat der nervöse Bräutigam vergessen, seiner Braut den Ring an den Finger zu stecken. Mit einer eindeutigen Geste versucht der Pfarrer, ihn darauf hinzuweisen.
Verständnislos schaut der junge Mann den Geistlichen an und murmelt dann: »Aber doch nicht jetzt und hier – erst heute nacht.«

Nach der Hochzeit nimmt die Mutter ihre Tochter in den Arm und flüstert ihr ins Ohr: »Und das, mein Kind, was ich dir bisher verboten habe, gehört ab sofort zu deinen Pflichten.«

**»Das reicht ja vorne
und hinten nicht!«**

oder

**In der Nacht der Nächte
kommt es an den Tag**

Der frischgebackene Ehemann versucht nervös den Schlüssel in die Hotelzimmertür zu fummeln.
»O Gott«, seufzt sie. »Das fängt ja gut an.«

*

In der Hochzeitsnacht beichtet sie ihrem Mann alles, was sie vorher angestellt und erlebt hat, und fragt zum Schluß weinend: »Bist du mir jetzt böse, Liebling?«
»Aber wieso denn? Ich erwarte nur von dir, daß du dich auch heute deines schlechten Rufes würdig erweist.«

*

»Wie du dir sicherlich denken kannst«, prahlt er in der Hochzeitsnacht, »habe ich mir im Laufe der Zeit die Hörner kräftig abgestoßen.«
»Da mußt du dir keine Sorgen machen«, sagt sie lächelnd. »Die kriegen wir schon wieder hin.«

*

Die Braut liegt in der Hochzeitsnacht erwartungsvoll im Doppelbett. Der junge Bräutigam steht am offenen Schlafzimmerfenster und schaut verträumt in den Sternenhimmel.
Nach einiger Zeit flüstert sie verführerisch: »Komm, Liebling, ich hab solche Sehnsucht.«
»Später, Schatz«, sagt er. »Mama hat mir nämlich gesagt, das würde die schönste Nacht meines Lebens werden. Und ich möchte keine Sekunde davon versäumen.«

*

»Wie war denn die Hochzeitsnacht mit dem Tierarzt?«
»Phantastisch! In Zukunft heirate ich nur noch Tierärzte.«

Er steht in der Hochzeitsnacht nackt vor dem Spiegel.
»Drei Zentimeter mehr – und ich wäre ein König«, sagt er voller Stolz.
»Ja«, sagt sie. »Und drei Zentimeter weniger – und du wärst eine Königin.«

*

Das Hochzeitspaar ist endlich allein, und der Ehemann sagt: »Ich hoffe, deine Mutter hat dir einige Ratschläge gegeben.«
»Sicher, Liebling. Aber die brauche ich nicht, schließlich habe ich doch meine eigenen Erfahrungen gesammelt.«

*

Der Herr Pfarrer heiratet ein Mädchen, das nicht gerade die Unschuld in Person ist.
In der Hochzeitsnacht zieht sie sich rasch aus und legt sich mit weit geöffneten Schenkeln ins Bett.
»Meine Liebe«, sagt der Pfarrer, als er aus dem Badezimmer kommt, »ich habe eigentlich erwartet, daß du vor dem Bett knien würdest.«
»So habe ich es manchmal auch schon gemacht«, entgegnet sie, »aber im Bett gefällt es mir einfach besser.«

*

»Liebling, ich muß dir etwas gestehen«, sagt sie in der Hochzeitsnacht.
»Daß du mal gestrippt hast?«
»Das nicht.«
»Meinst du, daß du als Hure gearbeitet hast? Das ist doch längst verziehen.«
»Gut. Aber was ist mit der Zeit vor meiner Geschlechtsumwandlung?«

58

Mitten in der Hochzeitsnacht klingelt das Telefon. Die Braut nimmt ab, horcht und sagt dann: »Streichen Sie meine Telefonnummer. Ich arbeite vorerst nicht mehr in diesem Job.«

Sie seufzte in der Hochzeitsnacht:

»Als du sagtest, du könntest nicht lange hart arbeiten, da dachte ich, du hättest das auf dein Berufsleben bezogen...«

In der Hochzeitsnacht sagt ein Feuerwehrmann zu seiner Frau: »Bei mir geht das alles nach Pfiff! Ein Pfiff: ausziehen! Zwei Pfiffe: hinlegen! Drei Pfiffe: los geht's!«
Es verläuft alles, wie gewünscht, doch plötzlich pfeift seine Frau viermal.
»Was soll das?« fragt er verdutzt.
»Mehr Schlauch, bitte!«

*

Sie stehen sich im Hotelzimmer, in dem sie die Hochzeitsnacht verbringen wollen, zum erstenmal völlig nackt gegenüber und schauen einander neugierig an.
Forsch deutet er auf seine Leibesmitte und fragt: »Weißt du, was das ist?«
»Ja, ein Zipfelchen«, sagt sie unbeeindruckt.
»Na ja«, weist er sie zurecht, »so sagt man bei Kindern. Solche wie meinen nennt man einen Hammer.«
»Nein, nein«, klärt sie ihn auf. »Mit Hämmern hatte ich schon oft zu tun. Ich schwöre dir, was du hast, ist wirklich nur ein Zipfelchen.«

Er ist sehr alt, aber auch sehr reich, und er heiratet ein junges Mädchen.

In der Hochzeitsnacht fragt er: »Hoffentlich hat deine liebe Mutter dich aufgeklärt.«

»Nein«, flüstert das Mädchen verzweifelt.

»Mist!« ärgert er sich. »Und ich hab inzwischen wirklich alles vergessen.«

*

»Liebling, ich muß dir etwas gestehen«, sagt die Braut in der Hochzeitsnacht: »Bevor ich dich kennenlernte, habe ich einen Geliebten gehabt.«

»Da mach dir mal keine Gedanken«, beruhigt er sie. »Ich auch.«

Es sagte die Frau des Boxers in der Hochzeitsnacht:

»Ding frei zur nächsten Runde!«

Das Mädchen hat praktisch mit jedem Burschen aus dem kleinen Dorf geschlafen. Eines Tages gelingt es ihr aber doch noch, einen Mann aus einer weit entfernten Kleinstadt an Land zu ziehen.

Zu Beginn der Hochzeitsnacht versammeln sich die jungen Männer des Dorfes unter dem Schlafzimmerfenster, um mitzuerleben, wie das Paar das erste Duett in Angriff nehmen würde.

»Liebster«, hören sie die junge Frau auch schon sagen, »ich habe dir eine Stelle anzubieten, in die noch kein Mann vor dir je eingedrungen ist.«

»Meine Güte«, flüstert da einer der Dorfburschen, »er wird sich an ihre Ohren halten müssen.«

In der Hochzeitsnacht ist die erste Runde vorüber, und sie fragt ihn verwundert: »Aber Liebling, war das alles? Warum denn so kurz?«
Brüllt er: »Woher weißt du, daß es längere gibt?«

*

Ein ziemlich durchgedrehtes Persönchen fragt ihren Mann in der Hochzeitsnacht: »Bin ich die erste?«
»Nein«, sagt er, »aber die irrste.«

*

Nachdem die Braut in der Hochzeitsnacht ihren frisch Angetrauten skeptisch gemustert hat, sagt sie voller Enttäuschung: »Das reicht ja vorne und hinten nicht.«

*

Hildegard hat wieder geheiratet. Als ihr neuer Gatte sich in der Hochzeitsnacht entkleidet, schaut sie ihn genau an und meint dann: »Für so etwas hätte ich mich wirklich nicht scheiden lassen müssen.«

*

»Ich will ganz ehrlich sein«, sagt er in der Hochzeitsnacht, »du bist nicht meine erste Frau gewesen.«
»Dann will ich auch ehrlich sein: Ich kann es nicht glauben.«

*

Verliebt streichelt er in der Hochzeitsnacht seine Frau. Sagt sie: »Aber nicht doch! Ich hab's im Kreuz.«
Verblüfft hält er inne und wundert sich: »Da hätte ich es nie vermutet.«

Das junge Hochzeitspaar verbringt die Nacht in einem Hotel mit sehr hellhörigen Wänden.

Sie sieht ihn bewundernd an und sagt immer wieder: »Ach, liebster Willibald, ich kann nicht begreifen, daß wir verheiratet sind.«

Nachdem sie das über ein dutzendmal wiederholt hat, klopft jemand im Nachbarzimmer wütend an die Wand und ruft: »Nun beeil dich schon, Willibald, und beweis es ihr, damit wir anderen endlich schlafen können!«

*

»Wie ist der Unfall passiert?« fragt der Freund den jungen Ehemann.

»In der Hochzeitsnacht ist der Kronleuchter, der über dem Bett hängt, heruntergefallen.«

»Zum Glück hast du ja nur ein paar Kratzer am Hinterteil abbekommen«, meint der Freund.

»Das war wirklich ein großes Glück«, gibt der Ehemann zu. »Drei Minuten früher hätte mir das Ding den Schädel eingeschlagen.«

*

Der Kapitän will unbedingt eine Jungfrau heiraten. Deshalb nimmt er ein junges Waisenmädchen an Bord und zieht es in einer Extrakabine jahrelang fürsorglich auf.

Als das Mädchen mit siebzehn Jahren die volle körperliche Reife erlangt hat, läuft er den nächsten Hafen an und läßt sich trauen.

Am Abend naht der so lange ersehnte Augenblick, und er klettert mit einer Tube Vaseline in der Hand zu ihr ins Bett und erklärt seiner Braut: »Damit ich dir keine Schmerzen bereite.«

Will sie wissen: »Aber warum spuckst du nicht einfach drauf, wie es die Matrosen immer machen?«

Das junge Ehepaar zieht sich ins Schlafzimmer zurück und stellt fest, daß jemand die Beine seines Pyjamas zugenäht hat.

»Hol doch mal eine Schere, Liebling«, bittet er. »Dann schneide ich sie auf.«

Da klopft die Mutter der Braut an die Tür und schreit: »Nicht schneiden, Kinder, nicht schneiden! Bei mir ist sie damals auch gerissen!«

*

»Schatz«, flüstert er in der Hochzeitsnacht, »ich möchte dich da küssen, wo dich noch nie ein Mann geküßt hat.«

»Wenn es unbedingt sein muß«, ist sie einverstanden. »Aber sei vorsichtig. An den Fußsohlen bin ich schrecklich kitzlig.«

*

Das junge Paar hat sich für die Hochzeitsnacht ein hübsches Dorfhotel ausgesucht, das direkt neben der Kirche liegt. Großzügig hat der junge Ehemann seiner Frau versprochen, sie bei jedem Glockenschlag der Uhr zu lieben. Von ein bis sechs Uhr hält er tapfer durch, dann schleicht er unter einem Vorwand aus dem Zimmer, läuft schnell zum Küster und bietet ihm fünfzig Mark, wenn er die Glocke nur noch alle zwei Stunden bimmeln läßt.

»Ich würde es ja gerne tun«, erwidert der Küster, »aber eben hat mich eine junge Frau aus dem Hotel angerufen und mir hundert Mark geboten, wenn ich die Glocke alle halbe Stunde läuten lasse.«

*

Galant hilft er ihr aus dem teuren Hochzeitskleid.

»Vorsichtig«, mahnt sie. »Vielleicht brauche ich es noch einmal.«

Die frischvermählten, schüchternen Brautleute löschen das Licht und machen sich für das Bett fertig. Sie hält ihr Spitzennegligé in der Hand und murmelt: »Klein, rosa und viele Falten...«
Sagt er: »Das ist gemein! Du hast geschaut.«

Es sagte der Ehemann der großen Diva in der Hochzeitsnacht:

»Ich weiß ja, daß du in deinem Beruf aufgehst, aber wenigstens heute hättest du auf die Beleuchter und den Kameramann verzichten können.«

Ein grauenvoller Macho und Egoist hat schließlich doch noch geheiratet. In der Hochzeitnacht liegt er natürlich zuerst im Bett, schön breit und direkt in der Mitte.
»Und wo soll ich hin?« fragt schüchtern seine Angetraute.
Sagt er: »Na, rechts und links natürlich.«

*

Die Braut weint, der Bräutigam tobt, und die Mutter stürzt in das Zimmer.
»Was geht denn hier vor?« will sie wissen.
»Nichts geht hier vor«, schluchzt die Braut. »Zurück geht immer etwas.«

*

Sagt er in der Hochzeitsnacht: »Liebling, wir müssen unbedingt weitermachen. Dreizehnmal bringt Unglück.«

»Hast du irgendeinen Wunsch?« fragt er sie in der Hochzeitsnacht.

»Ja, Schatzi, ich möchte an drei Stellen geküßt werden.«

»Gern. Und wo denn?«

»Auf den Bahamas, den Malediven und in Las Vegas.«

*

»Liebster«, sagt sie am Ende der Hochzeitsnacht. »Ich muß dir jetzt endlich etwas beichten – ich habe Asthma.«

Da erhellen sich seine Züge. Er nimmt seine Frau in den Arm und sagt: »Und ich dachte schon, du pfeifst mich aus.«

*

Vor der Hochzeitsnacht sagt sie zu ihm: »Du solltest jetzt nicht mehr rauchen. Das ist ungesund und behindert außerdem das Wachstum.«

Als er dann im Hotelzimmer den Slip auszieht, fragt sie ihn: »Rauchst du denn überhaupt nicht?«

»Nein!«

»Interessant. Und welche Ausrede hast du dann?«

*

In der Hochzeitsnacht jammert die junge Frau nach dem ersten Mal: »Du hast mich sehr erschreckt, Liebling.«

Er ist sanft und lieb, streichelt sie und erschreckt sie zum zweitenmal. Danach jammert sie etwas weniger, und schon bald gibt sie zu erkennen, daß sie den Schrecken ein drittes Mal ertragen könnte.

Er erschreckt sie wieder, legt sich dann auf die Seite, schläft ein und beginnt zu schnarchen.

Kaum eine halbe Stunde später stößt sie ihm in die Seite und fordert: »Erschrecke mich noch einmal!«

Da setzt er sich auf und brüllt: »Vorsicht, Einbrecher!«

Er ist entrüstet, als er in der Hochzeitsnacht feststellt, daß seine Braut keine Jungfrau mehr ist, und weigert sich, die Ehe mit ihr zu vollziehen.

Wundert sich seine Frau und meint: »Sei doch nicht so heikel. Du hast schließlich die U-Bahn auch nicht gebaut und fährst regelmäßig mit ihr.«

*

Ein Liliputaner hat eine sehr, sehr große Frau geheiratet. In der Hochzeitsnacht steigt er zu ihr ins Bett, läuft mit kleinen Schritten um sie herum und jubelt: »Gehört alles mir, gehört alles mir!«

Es sagte die Braut in der Hochzeitsnacht zum Bräutigam:

»Als ich behauptete, ich war noch nie mit einem anderen im Bett, war das nicht gelogen. In Autos, auf Parkbänken, im Wald und im Heu – weiß der Himmel wie oft. Aber im Bett wirklich noch nie.«

Armins Hochzeitsparty ist ein Riesenerfolg, und der Champagner fließt in Strömen. Irgendwann am frühen Abend vermißt Armin seine junge Frau, und als er kurz danach feststellt, daß auch sein Freund Manfred verschwunden ist, sucht er sie überall. Schließlich kommt er ins Schlafzimmer, und da liegt seine Frau mit Manfred im Bett.

Armin rennt aus dem Zimmer und ruft den anderen Hochzeitsgästen zu: »Kommt mal alle schnell hierher! Ihr werdet nicht glauben, was da im Zimmer vorgeht. Manfred ist tatsächlich schon so betrunken, daß er sich für mich hält.«

»Hör mal, Dorothea«, sagt der Bräutigam in der Hochzeitsnacht, »warum hast du mir vorher nicht gesagt, daß
du einen ausgestopften Busen hast und ein Gebiß und
eine Perücke trägst?«

»Das kann ich dir ganz genau sagen«, flüstert sie. »Ich
wollte sicher sein, daß ich aus Liebe geheiratet werde.«

*

Er bemüht sich nach Kräften, eine junge Frau zu verfüh-
ren, aber sie weigert sich standhaft, sich ihm vor der
Hochzeitsnacht hinzugeben.

Nachdem er sie geheiratet und geliebt hat, gibt er reumü-
tig zu: »Wenn du mich vorher drangelassen hättest, wäre
ich mit dir bestimmt nicht auf das Standesamt gegangen.«

»Das habe ich mir gedacht«, sagt sie. »So haben es die vie-
len Kerle vor dir auch gemacht.«

*

Der Bräutigam fragt die Braut in der Hochzeitsnacht, ob
alles nach ihren Wünschen verlaufe.

»Nicht ganz«, sagt sie. »Meine verheiratete Schwester hat
mir erzählt, da sei ein Gefühl, als ob ein Rudel Walfische in
mich eindringen würde... Oh, Moment... Oh, oh, da
kommen sie ja...«

*

»Hat es dir gefallen, mein Liebling?« fragt sie ihn in der
Hochzeitsnacht.

»Ja, aber du könntest dir ein anderes Intimspray zule-
gen.«

»Wieso?« empört sie sich. »Das riecht doch wunderbar.«

»Ja, aber es brennt fürchterlich auf der Zunge.«

»Wie viele Männer hast du vor mir schon geliebt?« fragt er seine tolle Frau in der Hochzeitsnacht.

Sie starrt vor sich hin und schweigt.

Ihn packt die Reue, und er bittet: »Verzeih mir, ich wollte dich nicht kränken. Bist du jetzt beleidigt?«

Sie schüttelt den Kopf, schweigt noch einige Sekunden und sagt dann: »Aber nein, Liebling, ich hab nur so lange für das Zählen gebraucht.«

Er fragte in der Hochzeitsnacht:

»Sag, Liebling, bist du Jungfrau?«
»Nein, Liebster, Wassermann.«

Die Frischvermählten übernachten in einem Hotel. Die Braut findet am Fußende des Bettes eine Vorrichtung mit einem Schlitz.

»Wofür ist das?« fragt sie ihren Mann.

»Da muß man Geld hineinstecken, dann fängt das Bett an zu vibrieren.«

»Spar dein Geld«, empfiehlt sie. »Investiere lieber in mich – dann vibriert das Bett umsonst.«

*

Das Stubenmädchen bringt das Hochzeitspaar auf das Hotelzimmer, wünscht eine angenehme Nacht und erkundigt sich: »Wann wollen die Herrschaften geweckt werden.«

Darauf blickt die junge Frau ihren Mann liebevoll an und meint: »Wir werden klingeln, wenn wir geweckt werden wollen.«

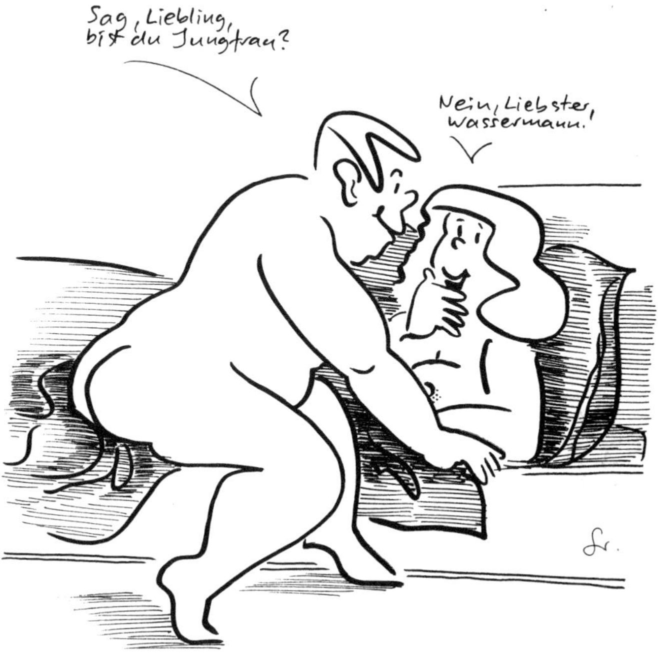
Sag, Liebling, bist du Jungfrau?
Nein, Liebster, Wassermann!

Resi, die unaufgeklärte Bauerntochter, soll heiraten, und ihre Mutter sagt zu ihr: »Damit du weißt, wie es im Eheleben zugeht, beobachtest du am besten eine Zeitlang, wie es die Hühner machen.«

In der Hochzeitsnacht zieht sie sich völlig aus, doch bevor sie ins Bett steigt, stülpt sie sich einen dicken Kaffeewärmer über den Kopf und erklärt ihrem Mann: »Liebling, du kannst mit mir machen, was du willst, nur diese blöde Hackerei auf den Kopf – die macht mich bestimmt wahnsinnig.«

*

In der Hochzeitsnacht bittet Raimund seine Frau: »Zieh dich aus, Liebling.«

Interessiert verfolgt er den Striptease seiner Holden. Da sieht er voller Entsetzen, wie sie ihre Perücke auf den Ständer hängt, das Gebiß in ein Wasserglas legt und den Schaumgummibusen hinlegt.

Als sie endlich fertig ist, fragt sie: »Sollen wir jetzt?«

Brummt er: »Von mir aus. Schraub das Ding raus und lege es mir ins Bett.«

*

In der Hochzeitsnacht stellt er seiner blutjungen Frau die inhaltsschwere Frage: »War ich der erste?«

»Natürlich«, sagt sie. »Das hast du doch gemerkt. Aber ich verspreche dir, daß du nicht der letzte sein wirst.«

*

Ein Schriftsteller heiratet ein Mädchen, von dem er annimmt, daß sie noch Jungfrau ist.

In der Hochzeitsnacht sagt er enttäuscht: »Dein Liebesakt spricht Bände. Leider habe ich feststellen müssen, daß er keine Erstausgabe ist.«

Der Mann ist steinalt und reich, das Mädchen blutjung, arm und unerfahren.

Nachdem er in der Hochzeitsnacht die Ehe vollzogen hat, strahlt ihn seine Frau an und sagt: »Das war wundervoll. Wie oft kann man das machen?«

Der alte Herr überlegt kurz und sagt: »Ach, mein Liebling, es gibt Wüstlinge, die das sogar mehrmals im Jahr machen.«

*

In der Hochzeitsnacht steht er im schwarzen Schlafanzug vor ihr, und sie sagt: »Liebling, ich muß dir gestehen, daß du nicht der erste Mann in meinem Leben bist.«

Er dreht sich um, geht in das Badezimmer und kommt in einem gestreiften Nachtgewand zurück.

»Was soll dieser Blödsinn?« fragt sie.

»Nun, mein Schatz«, erklärt er ihr, »in Schwarz gehe ich immer nur zu einer Premiere.«

*

In der Hochzeitsnacht sieht die junge Frau interessiert zu, wie ihr Mann sich auszieht.

Schließlich sagt sie: »Schatz, ich bewundere dich.«

»Warum?« fragt er geschmeichelt.

»Weil du es fertiggebracht hast, während unserer langen Verlobungszeit immer den Bauch einzuziehen.«

*

Sagt sie in der Hochzeitsnacht zu ihm: »Ich habe eine gute und eine schlechte Nachricht für dich.«

»Zuerst die schlechte«, schlägt er vor.

Sie: »Du warst nicht der erste.«

»Und die gute?«

»Du warst nicht der schlechteste.«

Die Millionärstochter liegt mit ihrem frisch angetrauten Ehemann im Bett. Sie streichelt ihn zärtlich und fragt: »Was hättest du gemacht, wenn ich dich nicht geheiratet hätte?«
Sagt er: »Pleite!«

*

Ein Herzog hat geheiratet und zieht sich endlich mit seiner Herzogin in das herzogliche Schlafgemach zurück, wo sich das erlauchte Paar den Freuden der Liebe hingibt.
Am frühen Morgen, als das herzogliche Paar von einer leichten Mattigkeit heimgesucht wird, liebkost die Herzogin den Herzog noch einmal liebevoll und fragt: »Tun das eigentlich gewöhnliche Menschen auch, Friedrich-Wilhelm?«
»Ja, Amalie-Isolde, das tun sie auch.«
Meint die Herzogin sinnend: »So etwas Schönes sollte man ihnen eigentlich verbieten.«

*

Das junge Paar hat eine glanzvolle Hochzeit gehabt. Als sie sich in das Brautgemach zurückgezogen haben, sagt sie plötzlich: »Du mußt dir einmal vorstellen, daß diese Hochzeit meine Eltern mindestens achttausend Mark gekostet hat.«
»Liebling«, sagt er und zieht sich vollständig aus, »warte noch einen Augenblick, dann gebe ich dir voll und ganz den Gegenwert dafür.«

*

»Übrigens«, sagt der junge Ehemann in der Hochzeitsnacht zu seiner Frau, »ich bin oft grundlos eifersüchtig.«
»Macht nichts«, erwidert sie lächelnd. »Auf mich wirst du nie grundlos eifersüchtig sein.«

»Unsere Hochzeitsnacht habe ich mir aber ganz anders vorgestellt«, beklagt sich die junge Frau.

Sagt er: »Du hast vorher gewußt, daß es nach Mitternacht noch eine Sportübertragung gibt.«

Sie sagte in der Hochzeitsnacht zu ihm:

»Nein, ich bin nicht schockiert, ich bin sogar stolz, daß du mir sagst, wie nötig du jetzt Sex brauchst, aber erwarte nicht von mir, daß ich mich an einer solchen Schweinerei beteilige.«

»Sag mal, hast du schon mal einen Pornofilm gesehen?« fragt sie ihn in der Hochzeitsnacht.

»Wieso«, erwidert er erschrocken, »habe ich etwas falsch gemacht?«

*

Erkundigt sich die junge Frau in der Hochzeitsnacht: »Wie lange wartet man eigentlich auf ein Kind?«

»Neun Monate natürlich«, erwidert ihr Mann.

»Wußte ich es doch. Aber warum hast du dich dann am Schluß so beeilt?«

**»Ich will nur wissen, ob er auch
wie ein Karnickel ißt«**

oder

**Bereits am Tag danach läßt
der Ehefrust grüßen**

Am Morgen nach der Hochzeitsnacht streckt sich die Braut so richtig im Bett aus und sagt zu ihrem Angetrauten: »Liebling, steh bitte auf und koche eine gute Tasse Kaffee. Oder kannst du das auch nicht?«

*

»Wie ich höre, Herr Bodensteiner, haben Sie gestern die Königin Ihres Herzens geheiratet.«
»Stimmt. Und heute hat sie bereits ihre erste Thronrede gehalten.«

*

Nach der Hochzeitsnacht trifft die junge Frau zum erstenmal wieder ihre Freundin. Die fragt neugierig: »Na, wie war's?«
»Herrlich!« schwärmt die junge Frau. »Ich hatte keine Ahnung, daß man sich ununterbrochen amüsieren kann, ohne zu lachen.«

*

»Hallo!« begrüßen die Stammtischbrüder ihren Freund. »Dich haben wir allerdings heute nicht erwartet. Du hast doch gestern erst geheiratet.«
»Na und?« wundert sich der frischgebackene Ehemann. »Schließlich kann ich ja nicht jeden Tag zu Hause herumhocken.«

*

Nach der Hochzeitsnacht sagt der Bräutigam zu seinem Vater: »Ich lasse mich wieder scheiden. Sie war ja noch Jungfrau.«
Meint der Vater: »Recht hast du. Was andere nicht wollen, wollen wir auch nicht.«

Am Tag nach der Hochzeitsnacht fällt die junge Frau ihrem Mann, als er nach Hause kommt, freudestrahlend um den Hals und flüstert ihm ins Ohr: »Liebling, bald werden wir zu dritt sein.«
Der Mann ist außer sich vor Glück und fragt: »Wie schön, Liebling. Und wann wird es soweit sein?«
Die Ehefrau jubelt: »Morgen schon. Dann müssen wir meine liebe Mutter vom Flughafen abholen.«

*

»Du hast mich nur geheiratet, weil ich etwas Vermögen habe«, sagt sie zu ihm nach der Hochzeitsnacht.
»Stimmt nicht«, widerspricht er. »Ich hätte dich auch geheiratet, wenn du sehr viel mehr Geld gehabt hättest.«

Es fragte die frigide Karin nach der Hochzeitsnacht:

»Und wie lange hast du gestern noch herumgemacht?«

Viktoria unterhält sich nach erfolgreicher Hochzeitsnacht mit ihrer Freundin.
»Na, wie war's denn?« fragt diese.
»Wie bei einer Schiffstaufe.«
»Wie soll ich das verstehen?«
»Eine Flasche ist an mir zerbrochen.«

*

Nach der Hochzeitsnacht wurde die Masochistin gefragt, wie es denn gewesen sei.
Und sie antwortete: »Kurz und schmerzlos.«

Ein Dirigent hat eine schwere Entscheidung zu treffen: Soll er ein bildhübsches, aber künstlerisch völlig unbedarftes Mädchen heiraten oder Elvira, die begnadete, aber nicht gerade besonders reizvolle Sängerin? Die Kunst siegt, und er heiratet die Sängerin.

Als er am Morgen nach der Hochzeitsnacht erwacht und einen enttäuschten Blick auf seine Frau wirft, schreit er verzweifelt: »Sing! Um Himmels willen – sing!«

*

Er fotografiert die Muschi seiner Frau, während sie am Morgen nach der Hochzeitsnacht aus der Badewanne steigt.

»Was willst du denn mit dem Foto machen?« erkundigt sie sich.

»Ich werde mich daran immer erfreuen«, sagt er.

»Dann habe ich auch eine Bitte«, sagt sie. »Gib mir ein Foto von deinem besten Stück. Ich möchte es vergrößern lassen.«

*

Sie hat einen Boxer geheiratet, und ihre Freundin fragt: »Wie war denn die Hochzeitsnacht?«

»Nicht besonders. In der vierten Runde war er schon k. o.!«

*

Schon am Morgen nach der Hochzeitsnacht ist die Braut verärgert. Voller Enttäuschung sagt sie zu ihrem Mann: »Du hast meine sexuellen Bedürfnisse in keiner Weise erfüllt.«

»Tut mir leid«, sagt er zerknirscht. »Aber als ich dir angeboten habe, die Lücke in deinem Leben zu schließen, wußte ich ja noch nicht, wie groß sie tatsächlich ist.«

Ein Schauspieler hat geheiratet. Fragt ein Kollege: »Na, wie war denn die Hochzeitsnacht?«

»Keine Ahnung. Ich habe die Kritiken noch nicht gelesen.«

*

Ein junger Pfarrerssohn hat geheiratet. Obwohl er völlig unerfahren ist, gelingt es seiner Frau, die Hochzeitsnacht zu einem Erlebnis zu gestalten.

Am nächsten Morgen wacht er auf und findet seine Frau noch schlafend neben sich. Interessiert betrachtet er sie. Plötzlich sieht er die Haarbüschel unter ihren Achselhöhlen. Da entringt sich seiner Brust ein Seufzer, und er stöhnt: »Um Himmels willen, unter den Armen hat sie ja auch noch zwei.«

*

Nach der Hochzeitsnacht ruft die Braut wütend ihre Mutter an und beklagt sich über ihren Mann: »Stell dir vor, wir liebten uns gerade, da klopfte es an der Tür. Und da hatte er doch die Frechheit, aufzustehen und zu öffnen.«

»Er hat dich also einfach liegenlassen?«

»Eben nicht. Er hat mich an der Tür fallen lassen.«

*

Als das Zimmermädchen mit frischer Wäsche hereinkommt, flüstert die Flitterbraut: »Helfen Sie mir bitte beim Kofferpacken. Ich verschwinde, denn dieses Ekel von Mann hat es mich heute nacht dreimal machen lassen.«

Das Zimmermädchen will sie beruhigen und sagt: »Regen Sie sich nicht auf! Es war seine Hochzeitsnacht, und da passiert es schon mal, daß es eine junge Frau dreimal machen muß.«

Fragt sie empört: »Mit drei verschiedenen Männern?«

Fragt der Freund den jungen Ehemann nach dessen Hochzeitsnacht: »Wie war es denn?«

»Beinahe wie beim Schachspiel. Man kann sich die tollsten Züge und Varianten einfallen lassen, das Ergebnis ist immer gleich. Hinterher ist man matt.«

*

Ein völlig ahnungsloses junges Ding war verheiratet worden. Am Morgen nach der Hochzeitsnacht schüttelt sie aufgeregt die Kissen und Decken aus.

Fragt ihr Mann: »Suchst du was?«

»Ja. Hier müssen doch irgendwo die zwanzig Zentimeter sein, die du gestern in mir hattest.«

Es schwärmte die Braut nach dem Hochzeitstag:

»Es war alles wunderschön. Von mir aus hätte er aber noch viel länger sein können.«

Nach der Hochzeitsnacht sagt sie zum Zimmerkellner:

»Bringen Sie bitte meinem Mann eine Riesenportion Salat und rohe Möhren!«

»Sonst nichts?«

»Nein. Ich will nur wissen, ob er auch wie ein Karnickel ißt.«

*

»Nun, wie war die Hochzeitsnacht?« fragt Susi ihre beste Freundin.

»Wie beim Zahnarzt. Er hat überhaupt nicht gebohrt!«

»Mama«, sagt die Tochter am nächsten Tag, »du hast mir doch gesagt, daß die Liebe durch den Magen geht.«
»Ja, mein Kleines.«
»Stell dir vor, heute nacht hab ich auch noch einen anderen Weg entdeckt.«

*

»Also, Hans-Peter, das muß dir der Neid lassen, seitdem du verheiratet bist, sehen deine Hosen immer tadellos gebügelt aus.«
Hans-Peter verzieht das Gesicht und nickt: »Stimmt. Das war das erste, was mir meine Frau beigebracht hat.«

*

Am Tag nach der Hochzeitsnacht trifft Erwin seinen Freund Xaver schon sehr früh in einem Café an.
Wundert er sich: »Daß du dich schon so zeitig herumtreibst? Ich hätte gedacht, daß du dich nach der Hochzeitsnacht erst einmal ausruhst.«
Erklärt ihm Xaver: »Was glaubst du denn, was ich hier sonst mache?«

*

»Wie schreibt man eigentlich ›Desaster‹?« fragt sie nach der Hochzeitsnacht ihren Mann.
»Wozu willst du das denn wissen?«
»Nur so. Ich bin gerade dabei, Mutti einen Brief zu schreiben.«

*

Die flotte Mimi wird gefragt: »Na, wie war die Hochzeitsnacht?«
»Ach, eigentlich wie immer.«

Das junge Paar ist gerade vier Wochen verheiratet, als sie ihre Mutter anruft und voller Verzweiflung sagt: »Mutti, wir hatten unseren ersten Ehekrach.«

Die Mutter beschwichtigt ihre Tochter: »Nur ruhig, mein Kind. Das kommt doch mal in jeder Ehe vor.«

»Schon. Aber ich weiß nicht, wohin mit der Leiche.«

*

»Hast du schon gehört, Bernd hat vor ein paar Tagen geheiratet. Er war des Alleinseins müde.«

»Ich weiß. Und gestern habe ich seine Frau kennengelernt.«

»Wie sieht sie denn aus?«

»Was soll man da sagen? Auf jeden Fall steht fest, daß Bernd ganz schrecklich müde gewesen sein muß.«

*

Die Neuvermählten gehen am Tag nach ihrer Hochzeit groß aus. Sie sitzen vergnügt an einer Bar, als eine bildhübsche Frau auf den Mann zugeht, ihm einen Kuß gibt und lächelnd wieder verschwindet.

»Wer war denn das?« fragt die junge Frau entrüstet.

»Sei lieb«, bittet der Mann, »und mach keinen Ärger. Ich werde Mühe genug haben, ihr zu erklären, wer du bist.«

*

Die Trauzeugin empfiehlt der Braut: »Wenn du eine tolle Hochzeitsnacht haben willst, dann gib ihm vorher ein Dutzend Austern zu essen.«

Als sich die beiden am nächsten Tag wieder treffen, fragt die Trauzeugin: »Na, wie war's?«

»Na ja«, sagt die Braut, »er hat zwar alle zwölf gegessen, aber nur zehn haben gewirkt.«

Am Morgen nach der Hochzeitsnacht bittet sie um ein Glas Wasser, und ihr Mann bringt es ihr.

»Ist dir etwa schlecht?« erkundigt er sich.

»Nein«, sagt sie und lächelt ihn lieb an. »Ich wollte eigentlich nur mal prüfen, ob ich noch dicht bin.«

*

Die junge Frau beklagt sich bei ihrer Mutter: »Ich bin die unglücklichste Frau auf der Welt. Schon sechs Tage nach der Hochzeit liebt mich mein Mann nicht mehr.«

»Mein Kind«, tröstet sie die Mutter, »denk daran, daß selbst Gott sich am siebten Tag ausgeruht hat.«

Es klagte die Braut am nächsten Morgen:

»Mein Gott! Der Ehering ist mir auch zu klein.«

Die Polizistin berichtet ihrer Freundin stichwortartig von ihrer Hochzeitsnacht: »Wurde nach Mitternacht brutal meines Besitzes beraubt. Blut ist geflossen. Habe Täter mit eigener Hand ergriffen. Sofort gestanden. Tobte in der Zelle bis zur völligen Ermattung. Wiederbelebungsversuche verliefen allerdings sehr erfolgreich.«

*

Die Hochzeitsnacht ist vorüber, und die junge Frau sagt beim Frühstück ganz glücklich: »Liebling, es ist herrlich, wenn man verheiratet ist.«

Brummt er: »Es ist immer herrlich. Ob man nun verheiratet ist oder nicht.«

Am Morgen nach der Hochzeitsnacht sagt der Schwiegervater: »Du weißt hoffentlich, daß du in meiner Tochter eine sehr gutherzige und überaus freigebige Frau bekommen hast?«
»Natürlich. Und ich hoffe sehr, daß sie diese lobenswerten Eigenschaften von dir geerbt hat.«

*

Der junge Ehemann will nach dem Hochzeitstag ein Bild aufhängen und schlägt sich mit dem Hammer auf den Daumen.
Lacht die junge Frau schallend und meint: »Das ist schon die zweite Sache, die du nicht kannst.«

*

Sie ist jungverheiratet und weint sich bei ihrer Mutter aus:
»Rüdiger behandelt mich schlechter als unseren Hund.«
»Wie kannst du nur so etwas sagen!«
»Doch! Er will mir nicht einmal ein Halsband kaufen.«

*

Das Brautpaar hat sich ein Hochzeitsfoto machen lassen. Als sie die Bilder abholt, meint sie: »Ich muß sagen, mein Mann ist mir nicht scharf genug.«
»Na und?« meint der Fotograf. »Was kann ich dafür?«

*

Die frischgebackene und noch etwas naive Ehefrau wacht am Morgen nach der Hochzeitsnacht auf und erblickt die Kleinigkeit ihres Mannes.
»Liebling«, wundert sie sich, »sag bloß, wir haben schon alles aufgebraucht?«

»Wie geht es dem jungvermählten Paar?«

»Ich weiß nicht so recht. Sie sollen sich jedenfalls geweigert haben, ein verspätetes Glückwunschtelegramm anzunehmen.«

*

Zwei Tage nach der Hochzeit erscheint der junge Ehemann bei seinem Schwiegervater und schreit, daß die Fensterscheiben klirren: »Deine saubere Tochter ist das schlampigste, faulste und boshafteste Weib, das es auf dieser Erde gibt!«

»Ich weiß«, antwortet der Schwiegervater lächelnd, »oder glaubst du denn wirklich, ich hätte sie sonst einem Menschen wie dir zur Frau gegeben?«

Sie sagte nach der Hochzeitsnacht zu ihrer Mutter:

»Mutti, er ist einfach himmlisch. Er ist genau einer von den Kerlen, vor denen du mich immer gewarnt hast!«

In der Hochzeitsnacht zog er sein langes Nachthemd an, gab seiner Frau einen Kuß auf die Stirn und sagte: »Gute Nacht!« Danach drehte er sich um und schlief.

So hielt er es auch in der zweiten und in der dritten Nacht nach ihrer Heirat.

In der vierten Nacht strich ihm seine Frau zärtlich über das Gesicht, und da biß er ihr liebevoll in den kleinen Finger.

Daraufhin sagt sie: »Du bist mir aber einer!«

»Ja«, stimmt er zu. »Da hast du recht. In der Erotik bin ich der reinste Teufel.«

Am Morgen nach der Hochzeitsnacht beginnt bereits der Streit, und sie sagt triumphierend: »Ich werde nie vergessen, wie dumm du ausgesehen hast, als du um meine Hand angehalten hast.«
Meint er seufzend: »Ich habe nicht nur so ausgesehen.«

*

Am Tag nach der Hochzeitsnacht sagt Claudia zu ihrer Mutter: »Mein Ferdinand ist bestimmt noch unschuldig. Er war teilweise sogar noch in einer Plastiktüte.«

*

Er hat eine tolle Frau geheiratet. Am Morgen nach der Hochzeitsnacht trifft er seinen besten Freund, der sich über dessen mieses Gesicht wundert und sagt: »Was ist denn los? Mit einer solchen Frau muß doch die Hochzeitsnacht das reinste Vergnügen sein.«
Sagt er: »Mir ist etwas Grauenvolles passiert. Ich war heute nacht so betrunken, daß ich meiner Frau, als alles vorbei war, fünfhundert Mark neben das Kopfkissen gelegt habe.«
»Deshalb wird sie schon nicht gleich sauer sein. Schließlich warst du stockbesoffen.«
»Das ist gar nicht so wichtig. Aber stell dir vor: Sie hat mir zweihundert Mark zurückgegeben.«

*

Am Morgen nach der Hochzeitsnacht sagt die Mutter zu ihrer Tochter: »Du trägst den Ehering am falschen Finger.«
»Stimmt«, sagt die Frischvermählte. »Aber heute nacht hat sich ja auch herausgestellt, daß ich den falschen Mann geheiratet habe.«

Heiko sagt zu seinem Freund: »Meine Frau hat mich unmittelbar nach der Hochzeit fürchterlich geschockt.«
»Womit denn?«
»Während ich noch im siebten Himmel war, befand sie sich schon im siebten Monat.«

Es fragte die Freundin die junge Ehefrau:

»Na, schnarcht er?«
»Weiß ich nicht. Wir sind ja erst vier Tage verheiratet.«

Er ist nicht gerade der stürmischste aller Liebhaber und hat seine Braut vorher auch nicht angerührt.
Nach der Hochzeitsnacht fragt er vorsichtig: »Ich war doch hoffentlich der erste?«
»Aber natürlich!« bestätigt sie. »Du bist wirklich der erste, der sich mit einmal begnügt hat und mich anschließend eine ganze Nacht schlafen ließ.«

*

Sie sind ein frischvermähltes Paar und liegen in der Hochzeitsnacht zum erstenmal gemeinsam im Bett.
Er ist begeistert und sagt immer wieder: »Oh, dieses Gebirge, das Tal, diese reizende kleine Wiese...«
Dann dreht er sich um und schläft ein.
So geht es vier Nächte lang, und auch in der fünften fängt er wieder an zu schwärmen: »Oh, dieses Gebirge, das Tal, diese reizende kleine Wiese.«
Da faucht ihn seine Frau an: »Wenn jetzt nicht sofort ein Baum auf dieser Wiese steht, wird sie morgen verkauft.«

Das Zimmermädchen serviert dem jungen Hochzeitspaar das Frühstück und fragt lächelnd: »Sie sehen beide so schrecklich müde aus. Haben Sie schlecht geschlafen?«

*

Nach der Hochzeitsnacht erklärt der junge Ehemann seiner frisch Angetrauten: »Wenn wir jetzt in die Flitterwochen fahren, werden wir uns einmal so richtig austoben.«
Sagt sie entsetzt: »Meinst du damit etwa, daß sich diese Schweinerei von der letzten Nacht irgendwann wiederholen könnte?«

*

Zwei Tage nach der Hochzeit kommt er abends von der Arbeit nach Hause und findet seine Frau mit einem fremden Mann im Bett vor.
Sagt sie entschuldigend: »Ich hatte mir wirklich vorgenommen, dir treu zu bleiben. Aber acht Stunden sind eine verdammt lange Zeit.«

*

Eine Woche nach der Hochzeit gibt es den ersten Ehekrach, und sie schimpft: »Sechs Männer wollten mich heiraten, bevor du dahergekommen bist. Und alle sechs waren klüger und vernünftiger als du!«
»Stimmt! Das haben sie ja bewiesen.«

*

Ein Beamter bekommt für seine Hochzeit drei Tage Sonderurlaub. Als er danach völlig erschöpft zurückkommt, lacht sein Chef und sagt: »Ja, ja, in der Ehe ist es nicht wie im Büro. Da muß man wirklich etwas tun.«

Nach der Hochzeitsnacht setzt sich das junge Paar an den Frühstückstisch. Plötzlich fragt sie: »Und wenn ich jetzt acht Kinder auf einmal bekomme?«

*

Drei Tage nach der Hochzeit betrachtet er sie und sagt: »Wenn du mich wirklich geliebt hättest, würdest du einen anderen geheiratet haben.«

»Geben Sie uns ein Doppelbett mit irgendwelchen Wänden drumherum!«

oder

Erst wird geflittert, dann gezittert

Vier befreundete junge Menschen feiern eine Doppel-hochzeit und fahren auch gemeinsam in die Flitterwo-chen. Im Hotel angekommen, beschließen sie, einen inter-nen Wettbewerb zu veranstalten. Jedes Paar soll mit Kreide an die Wand schreiben, wie oft es nachts tätig wurde.

Der eine Ehemann malt für jede Runde einen Strich an die Wand, insgesamt drei.

Am nächsten Morgen kommt das andere Ehepaar in das Zimmer und liest die drei Striche als hundertelf.

Schüttelt die junge Frau den Kopf und sagt völlig ver-blüfft: »Das ist kaum zu glauben! Die haben uns wirklich um ein gutes Dutzend geschlagen.«

*

In den Flitterwochen fragt die junge Frau: »War ich eigent-lich die erste, mit der du geschlafen hast?«

Er überlegt einen Augenblick und meint dann: »Wenn du vor fünf Jahren in der zweiten Augusthälfte in Rimini warst, ist das sehr gut möglich.«

*

Sie haben geheiratet. Er ist neunundfünfzig, sie zwanzig Jahre alt. Als er ihr auch in den Flitterwochen abends nur einen flüchtigen Kuß gibt und sich anschließend auf sein Einzelzimmer begibt, verbringt sie mit einem jungen Mann eine herrliche Nacht.

Am anderen Morgen fragt er: »Wie war denn die Nacht?«

»Wundervoll«, sagt sie. »Ich habe versucht, neunund-fünfzig durch zwanzig zu teilen.«

»Aber das geht doch nicht«, widerspricht er.

»Doch«, sagt sie. »Das geht schon. Man muß sich nur einen leihen. Dann geht es sogar dreimal.«

Ein Flitterpaar hat sich in einem Dorfgasthof ein Zimmer besorgt. Drei Tage lang verlassen die beiden nicht einmal zum Essen das Zimmer. Schließlich klopft der Wirt an die Tür und will wissen, was los ist.

»Sie müssen sich keine Sorgen machen«, erklärt ihm die Braut. »Wir leben von den Früchten der Liebe.«

»Von mir aus«, antwortet der Wirt. »Aber dann werfen sie die Schalen nicht einfach aus dem Fenster. Unsere Hühner laufen schon mit Gummistiefeln auf dem Hof herum.«

Es sagte der Steuerberater in den Flitterwochen:

»Nie hätte ich geahnt, daß es zwischen Steuerklasse eins und drei einen so tollen Unterschied gibt.«

Martina kommt von der Hochzeitsreise zurück und erzählt: »Stell dir vor, Mutti, als Anton und ich den Vesuv hinaufritten, wurde der Esel plötzlich störrisch.«

»Was«, sagt die Mutter entsetzt, »schon auf der Hochzeitsreise?«

*

Wand an Wand mit einem Ehepaar, das sich auf Hochzeitsreise befindet, übernachtet ein Herr gesetzteren Alters. Der Gast möchte gern in Ruhe schlafen, aber immer wieder wird er gestört, weil der junge Ehemann voller Entzücken alle paar Minuten fragt: »Wem gehört denn das süße kleine Popöchen?«

Endlich wird es dem Herrn zuviel. Er steht auf, klopft an die Wand und brüllt laut: »Verdammt, es wird sich doch noch feststellen lassen, wem dieser wundervolle Arsch gehört!«

Im Wartezimmer eines Krankenhauses sitzen zwei werdende Väter.

Sagt der eine: »Zu dumm, daß es jetzt passiert. Das macht uns den ganzen Urlaub kaputt.«

Meint der andere: »Was soll ich da erst sagen. Diese Frühgeburt ruiniert unsere Flitterwochen.«

Es fragte die Kollegin:

»Na, wie waren denn die Flitterwochen?«
»Wie bei meinen Lottozahlen. Von neunundvierzig Nummern nicht mal drei richtige.«

Sie stürmen ins Hotel, um die Flitterwochen zu beginnen.

»Was für ein Zimmer darf es denn sein?« fragt der Empfangschef. »Mit Seeblick, mit Bad, mit Fernseher?«

»Ganz egal«, sagt der Bräutigam. »Geben Sie uns ein Doppelbett mit irgendwelchen Wänden drumherum.«

*

»Na, wie waren die Flitterwochen mit deinem Maler?« fragt Nicole ihre Freundin.

»Toll. Am Tag malte er Still-Leben. Und nachts feierten wir Stiel-Leben.«

*

Fragt die jungverheiratete Tochter ihre Mutter: »Wann sind eigentlich die Flitterwochen vorbei?«

»Ganz einfach, mein Kind: Wenn dein Mann dir nicht mehr beim Abspülen hilft, sondern es allein besorgt.«

Nach den Flitterwochen in der Schweiz fragt die Mutter:
»Hast du denn auch das Matterhorn gesehen?«
»Natürlich, Mutti, und zwar schon im Schlafwagen.«

*

»Hat Ihr Schiff eigentlich Stabilisatoren, Herr Kapitän?«
»Nicht nötig, junger Mann. Wir werden nur in ganz ruhiger See fahren.«
»Das schon. Aber ich mache Sie darauf aufmerksam, daß wir uns auf Hochzeitsreise befinden.«

*

Am Hochzeitstag gibt der Vater des Bräutigams seinem Sohn noch einige Ratschläge: »Du mußt deiner Frau gleich vom ersten Tag an zeigen, wer der Herr im Hause ist, daß du ein wirklicher Mann bist und außerdem völlig unabhängig von deiner Frau.«
Nach der Hochzeitsreise will der Vater wissen, wie alles verlaufen ist.
»Prima. In der ersten Nacht habe ich ihr die Kleider vom Leib gerissen, um ihr zu zeigen, wer der Herr im Hause ist. Dann habe ich mich ausgezogen und ihr meinen Riesenhammer gezeigt, damit sie sieht, daß ich ein richtiger Mann bin. Und zuletzt habe ich mir vor ihren Augen einen heruntergeholt. Jetzt weiß sie auch, daß ich von ihr völlig unabhängig bin.«

*

Das frischvermählte Ehepaar verbrachte im November die Flitterwochen an der Nordsee.
Als der Mann ins Büro zurückkommt, meint ein Kollege:
»Sie sehen aber total übermüdet aus.«
»Kein Wunder! Bei drei Wochen Regen kann man nur zwei Dinge tun. Und meine Frau haßt Kartenspielen.«

Hast du denn auch das Matterhorn gesehen?
Natürlich, Mutti, und zwar schon im Schlafwagen.

Flitterwochen. Sie und er im Doppelbett.
Sagt sie: »Drück mich ganz fest, Liebster!«
Er: »Ich drücke dich ja fest.«
»Nein. Du kannst noch viel fester!«
Er: »Ich drücke ja viel fester.«
»Nein, ganz, ganz arg fest!«
Er: »Geht nicht. Wenn ich noch fester drücke, bin ich durch und hinter dir.«

*

Sie verbringen ihre Flitterwochen in einem Hotel in Oberbayern, und ganz in der Nähe befindet sich eine Kaserne der Gebirgsjäger.
Am Morgen ihrer ersten Nacht erschallt ein gellender Befehl: »Aufstehen und raus!«
Da umklammert sie ihn und sagt: »Von denen läßt du dir doch nichts befehlen – oder?«

*

Das junge Paar befindet sich in den Flitterwochen. Nach der Anmeldung fragt er sie: »Willst du erst etwas essen oder gleich auf das Zimmer gehen?«
Sie: »Ich möchte, was du willst. Und essen können wir ja später.«

*

Zur großen Enttäuschung der jungen Frau ereignet sich weder in der ersten noch in der zweiten Nacht während ihrer Hochzeitsreise irgend etwas.
Am dritten Abend, als ihr Mann wieder wie ein Klotz neben ihr liegt, sagt sie zu ihm: »Wenn auch heute nacht nichts passiert, hole ich mir einen Mann von der Straße, und zwar einen richtigen!«
Gelangweilt schaut der Ehemann auf: »Ausgezeichnete Idee! Aber bring mir auch gleich einen mit.«

Die Jungverheirateten kommen auf ihrer Hochzeitsreise nach Paris. In der Hotelhalle fragt sie: »Wollen wir zuerst den Eiffelturm besteigen oder vorher noch einmal ins Bett gehen?«

»Laß uns sofort ins Bett gehen, Liebling. Der Eiffelturm steht länger.«

*

Das junge Paar verbringt auf seiner Hochzeitsreise die erste Nacht in einem kleinen Hotel auf dem Land.

Am nächsten Morgen, bei der Abreise, sagt der Hotelbesitzer: »Für einmal macht das achtzig Mark.«

Der junge Mann murmelt etwas von unverschämten Preisen und legt dann fünfhundertsechzig Mark hin.

*

Nach der Hochzeitsreise berichtet Martina ihrer Freundin: »Es war grauenvoll! Zwei Wochen lang von morgens bis in die späte Nacht nichts wie rein und raus, rauf und runter. Das eine schwöre ich dir: Nie mehr werde ich in einem Hotelzimmer neben dem Fahrstuhl übernachten.«

*

Ruckdäschel wird nach den Flitterwochen von einem Freund zum Kegeln abgeholt. Als sie gehen und schon unten im Treppenhaus sind, ruft die junge Frau von oben herunter: »Liebster, vergiß den Hausschlüssel nicht!«

Ruckdäschel macht kehrt, hastet die Treppe hoch und ist gleich wieder zurück.

»Donnerwetter«, wundert sich sein Freund. »Du hast ja eine besonders liebevolle Frau geheiratet. Sie erinnert dich sogar daran, den Hausschlüssel mitzunehmen.«

»So kann man sich irren«, korrigiert ihn Ruckdäschel. »Ich mußte den Schlüssel abliefern.«

Auf der Hochzeitsreise wird die junge Frau krank. Ihr Mann läßt einen Arzt kommen.

Nach der Untersuchung sagt er: »Ihre Frau sieht gar nicht gut aus.«

»Der Meinung bin ich auch«, stimmt der Frischvermählte zu. »Aber ihr Vater ist Multimillionär.«

*

Der Psychiater empfing die junge Dame in seinem Sprechzimmer und bat sie, sich völlig entspannt auf die Couch zu legen.

»Ich möchte mich lieber auf den Stuhl vor Ihrem Schreibtisch setzen«, bat sie. »Wissen Sie, ich komme gerade von meiner Hochzeitsreise.«

*

Das junge Paar verbringt die Flitterwochen in seiner hübschen neuen Wohnung.

Nach drei Wochen schaut die junge Frau an die Wand, betrachtet das Hochzeitsfoto und murmelt erschöpft: »Das wirklich einzige, was in dieser Wohnung hängt, ist dieses Bild.«

Humor in allen Lebenslagen

(2773)

(73052)

(2782)

(73044)

(73045)

(73043)

Humor in allen Lebenslagen

(73020)

(73017)

(73015)

(73012)

(73014)

(73047)